2 janvier 1853.

CATALOGUE

D'UNE JOLIE COLLECTION

DE

TABLEAUX

ANCIENS & MODERNES,

DE DIVERSES ÉCOLES,

Formant le cabinet de M. T. ***,

DONT LA VENTE AURA LIEU

HOTEL DES VENTES MOBILIÈRES,

RUE DES JEUNEURS, N. 42 bis,
Salle n. 3,

LE SAMEDI 22 JANVIER 1853, A UNE HEURE.

Par le ministère de M° **RIDEL**, Commissaire-Priseur,
rue Saint-Honoré, 335,
Assisté de M. **FERDINAND LANEUVILLE**, Expert,
73, rue Neuve-des-Mathurins,
Chez lesquels se distribue le présent Catalogue.

EXPOSITION PUBLIQUE

Le Vendredi 21 Janvier 1853, de midi à cinq heures.

Exemplaire de Beurdeley père

PARIS

MAULDE ET RENOU
IMPRIMEURS DE LA COMPAGNIE DES COMMISSAIRES-PRISEURS,
Rue de Rivoli prolongée, au coin de celle de l'Arbre-Sec.

1853

CONDITIONS DE LA VENTE.

La vente sera faite expressément au comptant.

Les acquéreurs paieront cinq pour cent en sus de chaque adjudication.

AVERTISSEMENT.

Nous n'avons pas besoin d'insister sur le mérite de cette jolie Collection, l'Exposition qui en sera faite prouvera suffisamment qu'elle a été formée par un homme de connaissance et de goût; si cependant quelques erreurs s'étaient glissées dans les attributions, nous prions MM. les amateurs de vouloir bien les rectifier; les tableaux n'étant pas tous arrivés quand nous avons été obligés de livrer le Catalogue à l'imprimeur, nous avons dû nous conformer aux notes envoyées par le propriétaire.

DÉSIGNATION

DES TABLEAUX

ALBANE (attribué à).

1 — Vulcain forgeant des dards pour l'Amour.

ALDEGRAFER.

2 — La Mort de saint Paul.

ALORY (Alex.).

3 — Salomé portant sur un plat, à sa mère Hérodiade, la tête de saint Jean-Baptiste.
 Les figures sont d'une expression remarquable.

BASSAN.

4 — Un homme, à la porte d'une cabane, adresse sa prière à Dieu.

BATISTE.

5 — Bouquet de fleurs dans un vase.

DU MÊME.

6 — Même sujet. Pendant.

BAUDOUIN.

7 — Une jeune fille, assise dans un parc, contemple un portrait; près d'elle un petit chien la regarde.

BELDEMACKER.

8 — Paysage montagneux avec chiens.

BERCKMANN (de Bruxelles).

9 — Buveurs.

BOUCHER.

10 — Des Baigneuses. Paysage.

BOURDON (S.).

11 — L'Education de la Vierge.
Belle composition d'une touchante simplicité et du plus beau faire du maître.

BOURGUIGNON.

12 — Défilé de cavalerie.
Tableau d'une belle couleur.

BRANT, élève de Joseph VERNET.

13 — Paysage. Effet d'hiver, avec figures.

BREEMBERG.

14 — Vue de Rome et de ses environs.

A gauche, une belle ruine devenue une auberge, et à droite un vieux château; des pèlerins attablés et quelques autres figures enrichissent la composition.

BREUGHEL, dit DE VELOUR.

15 — Orphée déchiré par les Bacchantes.

Le site est charmant et les figures très bien peintes.

DU MÊME.

16 — Scène de Carnaval sur la glace, dans un village.

Tableau finement peint et rempli d'esprit.

BRILL (Paul).

17 — Paysage boisé avec cours d'eau.

Quelques chasseurs animent le tableau.

CARRACHE (Annibal).

18 — Le Christ, accompagné d'un apôtre, exhortant une femme à la prière.

On aperçoit une ville dans le lointain

et sur des plans plus rapprochés, des collines, des monuments et quelques arbres.

Tableau clair et de la belle manière du maître.

CHARDIN.

19 — Fruits et légumes.

DU MÊME.

20 — Même sujet. Pendant du précédent.

LORRAIN (Claude).

21 — Port de mer. Effet du matin.

Un monument, des vaisseaux et quelques personnages complètent cette composition.

COYPEL.

22 — Flore et Zéphyre. Paysage.

CRAESBECK (attribué à).

23 — Concert.

DELEN (Van), signé, daté.

24 — Intérieur d'église avec figures éclairées par des torches.

DIETRICK (attribué à).

25 — Des physiciens expérimentant.

DOLCI (Carlo).

26 — La Vierge en pleurs.

DUVAL. Signé.

27 — Paysage avec animaux.

DROOGSLOOT. Signé et daté 1685.

28 — Kermesse.

ELZHEIMER.

29 — Le Christ sortant de Jérusalem.

FETI (Dominique, attribué à).

30 — Paysage avec figures et animaux.

DU MÊME.

31 — Pendant du précédent.

FRANCK (J.-B.).

32 — Un prêche dans une église.
Les figures sont très belles et bien caractérisées.

GÉRICAULT. Signé.

33 — Portrait d'Angelica Kauffmann.
Fait à Rome. Elle est représentée vieille et pauvre.
D'une belle couleur et largement peint.

HACKAERT.

34 — Vue des environs de Saverne.
Tableau d'une belle couleur.

HEMSKERCK.

35 — Des moines jouant aux cartes.
Les figures sont pleines d'expression.

HERAAN (d'Italie).

36 — Paysage très vigoureux, et un beau ciel chaud digne de Claude le Lorrain.

HOBBEMA (Minder).

37 — Intérieur de forêt; au fond d'un percé admirablement éclairé, on aperçoit un château et quelques figures.

HORREMANS.

38 — Dans un riche cabinet, des braconniers sont amenés devant un juge.

HUET.

39 — Paysage boisé avec chute d'eau et figures.

HUYSUM (Van). Signé.

40 — Bouquet de fleurs dans un vase.

ISABEY (Eugène). Signé.

41 — Un village en Normandie.

KALKER (Jean van).

42 — Saint Jérôme en prière devant l'image du Christ, son livre est ouvert près de lui.
Le site est agreste, entouré de rochers et de montagnes, et bien en rapport avec le sujet.

KESSEL (Van).

43 — Corbeille de fleurs d'un grand éclat.

LAMBRECHT.

44 — Intérieur flamand.

DU MÊME.

45 — Pendant du précédent.

LANTARA.

46 — Paysage montagneux avec figures.

LAURENT DE LA HYRE.

47 — Paysage d'un style pittoresque, avec figure d'homme à cheval.

LEBRUN.

48 — Copie de la Sainte-Famille de Raphaël.
Cette copie est citée dans la vie de Lebrun.

LEPRINCE (Xavier). Gravé.

49 — Le Départ des comédiens.

LEPRINCE (Léopold).

50 — Vue de Saint-Pétersbourg et de la Néva.

LESUEUR (Eustache).

51 — Saint Louis de Gonzague, entouré des Symboles de la religion, est au pied du Christ.

LUINI.

52 — Amazone. Dans la manière de Léonard de Vinci.

MALLET.

53 — Intérieur rustique. Charmante esquisse.

MAYER (Mme).

54 — Anacréon couronné par la Beauté.

MIERIS (W.) et VAN HUYSUM.

55 — Des enfants jouent avec des fleurs dans un beau jardin décoré d'une fontaine.
Signé W. Mieris.

MURILLO (Esteban, attribué à).

56 — Saint Jean et l'Enfant Jésus.

DU MÊME.

57 — Un couvent de moines dans la campagne.

OMMEGANCK. (Signé.)

58 — Paysages avec figures et animaux.
Tableau peint avec légèreté et finesse.

OTTO MARCELLUS.

59 — Plantes et insectes.

PATER.

60 — Dans un riche intérieur, une dame, sa suivante et un jeune homme se font dire la bonne aventure, pendant qu'un petit garçon vole de l'argent dans l'aumonière de la dame; plus loin, une jeune fille joue avec un chien et un chat, et un homme compte de l'argent.

PERELLE.

61 — Les Vendanges.

DU MÊME.

62 — Une Chasse.

POUSSIN (attribué à).

63 — Sainte-Famille.

REMBRANDT (attribué à).

64 — Portrait de Coppenol. D'une exécution large et hardie.

DU MÊME.

65 — Portrait d'homme.

DU MÊME.

66 — Un Philosophe devant une sphère.

ROBERT (Hubert).

67 — Gorges de hautes montagnes.

ROSE DE TIVOLI.

68 — Animaux dans un paysage montagneux.

RUBENS.

69 — Adoration des bergers; ils apportent leurs simples offrandes.

Cette composition est touchante par sa noble simplicité. Les personnages de ce tableau sont peints avec une grande vérité et bien en rapport avec le sujet.

RUYSDAEL (J.).

70 — Paysage au bord de la mer : on y voit une femme, un chasseur et son chien. Gravé.

DU MÊME. (Signé.)

71 — Marine, avec plusieurs vaisseaux.
Tableau d'une belle couleur.

SPAENDONCK (Van).

72 — Fruits et fleurs. Esquisse.

TAUNAY.

73 — Paysage boisé, avec figures.

TÉNIERS (D'après D.).

74 — La Femme jalouse.

TÉNIERS.

75 — Paysage avec fabrique et quelques figures, parmi lesquelles on remarque un joueur de vielle qu'un chien regarde.

DU MÊME (attribué).

76 — Clair de lune.

TILBORGH.

77 — Deux jeunes sœurs, dont l'une fait un bouquet que l'autre regarde avec un contentement enfantin.
Petite scène bien peinte et gracieuse.

VAN OS. (Signé.)

78 — Nature morte, fruits et fleurs.

DU MÊME.

79 — Pendant du précédent.
Ces deux tableaux sont très fins, d'une belle couleur et bien exécutés.

VERNET (Horace). Signé.

80 — Attaque d'Arabes. Esquisse.

WISSCHER.

81 — Paysage avec figures et animaux.
Cette jolie composition a été dessinée par Berghem et peinte par Wisscher. Gravé.

VOS (Simon de).

82 — Un marchand de gibiers.

VOUET (Simon).

83 — La Vierge et l'Enfant Jésus.
La Vierge a une expression ravissante.

WATTEAU.

84 — La Rupture d'un mariage.
La scène se passe dans un beau parc; les figures et le caractère des têtes indiquent que c'est en Angleterre.

WERFF (Pierre Van der).

85 — Le Songe de Joseph.

WOUWERMANS (Pierre).

86 — Un camp.

— 17 —

WYCK (Thomas).

87 — Intérieur de grotte éclairée par une trouée au fond de laquelle se trouve une source où quelques femmes viennent laver du linge.

Tableau d'une exécution fine et suave.

ÈCOLE BYSANTINE.

88 — Une Vierge et l'Enfant Jésus.

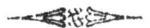

DESSINS.

LEMOINE.

89 — La France recevant Louis XIV des mains de Minerve.

Sujet d'un plafond de Versailles.

WATTEAU.

90 — Personnages et arabesques. Crayon rouge.

DU MÊME.

91 — Même sujet.

INCONNU.

92 — Une jeune fille donnant à manger à un pigeon.

BRUANDET.

93 — Une forêt.

VIVIEN.

94 — La Madeleine plongée dans la douleur. Pastel.

REMBRANDT.

95 — Une belle gravure.

www.ingramcontent.com/pod-product-compliance
Lightning Source LLC
Chambersburg PA
CBHW030113230526
45471CB00003B/1400